CE CAHIER DE TEXTE
APPARTIENT À

NOM : ....

D1735098

PRÉNOM : ....

ADRESSE : ....

....

ÉCOLE : ....

✉ .... @ ....

📞 ....   📱 ....

PRÉVENIR EN CAS D'URGENCE

NOM : ....
PRÉNOM : ....
ADRESSE : ....
....
✉ ....@................ ☎ .... ☐ ....

NOM : ....
PRÉNOM : ....
ADRESSE : ....
....
✉ ....@................ ☎ .... ☐ ....

NOM : ....
PRÉNOM : ....
ADRESSE : ....
....
✉ ....@................ ☎ .... ☐ ....

NOM : ....
PRÉNOM : ....
ADRESSE : ....
....
✉ ....@................ ☎ .... ☐ ....

MON EMPLOI DU TEMPS

	LUNDI MONDAY LUNES	MARDI TUESDAY MARTES	MERCREDI WEDNESDAY MIÉRCOLES
07h			
08h			
09h			
10h			
11h			
12h			
13h			
14h			
15h			
16h			
17h			
18h			
19h			
20h			
21h			

NOTES

MON EMPLOI DU TEMPS

JEUDI	VENDREDI	SAMEDI	DIMANCHE
THURSDAY	FRIDAY	SATURDAY	SUNDAY
JUEVES	VIERNES	SÁBADO	DOMINGO

07h

08h

09h

10h

11h

12h

13h

14h

15h

16h

17h

18h

19h

20h

21h

NOTES

LISTE DES CONTACTS

NOM : .... PRÉNOM : ....
ADRESSE : ....
✉ ....@................ 📞 .... 📱 ....

NOM : .... PRÉNOM : ....
ADRESSE : ....
✉ ....@................ 📞 .... 📱 ....

NOM : .... PRÉNOM : ....
ADRESSE : ....
✉ ....@................ 📞 .... 📱 ....

NOM : .... PRÉNOM : ....
ADRESSE : ....
✉ ....@................ 📞 .... 📱 ....

NOM : .... PRÉNOM : ....
ADRESSE : ....
✉ ....@................ 📞 .... 📱 ....

NOM : .... PRÉNOM : ....
ADRESSE : ....
✉ ....@................ 📞 .... 📱 ....

LISTE DES CONTACTS

NOM : .... PRÉNOM : ....
ADRESSE : ....
✉ ....@................. 📞 .... 📱 ....

NOM : .... PRÉNOM : ....
ADRESSE : ....
✉ ....@................. 📞 .... 📱 ....

NOM : .... PRÉNOM : ....
ADRESSE : ....
✉ ....@................. 📞 .... 📱 ....

NOM : .... PRÉNOM : ....
ADRESSE : ....
✉ ....@................. 📞 .... 📱 ....

NOM : .... PRÉNOM : ....
ADRESSE : ....
✉ ....@................. 📞 .... 📱 ....

NOM : .... PRÉNOM : ....
ADRESSE : ....
✉ ....@................. 📞 .... 📱 ....

LISTE DES CONTACTS

NOM : .... PRÉNOM : ....
ADRESSE : ....
✉ ....@................. 📞 .... 📱 ....

NOM : .... PRÉNOM : ....
ADRESSE : ....
✉ ....@................. 📞 .... 📱 ....

NOM : .... PRÉNOM : ....
ADRESSE : ....
✉ ....@................. 📞 .... 📱 ....

NOM : .... PRÉNOM : ....
ADRESSE : ....
✉ ....@................. 📞 .... 📱 ....

NOM : .... PRÉNOM : ....
ADRESSE : ....
✉ ....@................. 📞 .... 📱 ....

NOM : .... PRÉNOM : ....
ADRESSE : ....
✉ ....@................. 📞 .... 📱 ....

LISTE DES CONTACTS

NOM : .... PRÉNOM : ....
ADRESSE : ....
✉ ....@................ ☎ .... ☐ ....

NOM : .... PRÉNOM : ....
ADRESSE : ....
✉ ....@................ ☎ .... ☐ ....

NOM : .... PRÉNOM : ....
ADRESSE : ....
✉ ....@................ ☎ .... ☐ ....

NOM : .... PRÉNOM : ....
ADRESSE : ....
✉ ....@................ ☎ .... ☐ ....

NOM : .... PRÉNOM : ....
ADRESSE : ....
✉ ....@................ ☎ .... ☐ ....

NOM : .... PRÉNOM : ....
ADRESSE : ....
✉ ....@................ ☎ .... ☐ ....

MOTS DE PASSE

SITE WEB : ....
IDENTIFIANT : ....
MOT DE PASSE : ....
 ....
QUESTION SECRÈTE : ....

SITE WEB : ....
IDENTIFIANT : ....
MOT DE PASSE : ....
....
QUESTION SECRÈTE : ....

SITE WEB : ....
IDENTIFIANT : ....
MOT DE PASSE : ....
....
QUESTION SECRÈTE : ....

SITE WEB : ....
IDENTIFIANT : ....
MOT DE PASSE : ....
....
QUESTION SECRÈTE : ....

MOTS DE PASSE

SITE WEB : ....
IDENTIFIANT : ....
MOT DE PASSE : ....
✉ ....
QUESTION SECRÈTE : ....

SITE WEB : ....
IDENTIFIANT : ....
MOT DE PASSE : ....
✉ ....
QUESTION SECRÈTE : ....

SITE WEB : ....
IDENTIFIANT : ....
MOT DE PASSE : ....
✉ ....
QUESTION SECRÈTE : ....

SITE WEB : ....
IDENTIFIANT : ....
MOT DE PASSE : ....
✉ ....
QUESTION SECRÈTE : ....

Colorie l'intercalaire du Lundi avec la couleur de ton choix, idem pour les autres jours. →

Date	Leçons et Devoirs à faire

Date	Leçons et Devoirs à faire

Date	Leçons et Devoirs à faire

Date	Leçons et Devoirs à faire

Date	Leçons et Devoirs à faire

Date	Leçons et Devoirs à faire

Date	Leçons et Devoirs à faire

Date	Leçons et Devoirs à faire

Date	Leçons et Devoirs à faire

Date	Leçons et Devoirs à faire

Date	Leçons et Devoirs à faire

Date	Leçons et Devoirs à faire

MARDI

Date	Leçons et Devoirs à faire

MARDI

Date	Leçons et Devoirs à faire

MARDI

Date	Leçons et Devoirs à faire

MARDI

Date	Leçons et Devoirs à faire

MARDI

Date	Leçons et Devoirs à faire

MARDI

Date	Leçons et Devoirs à faire

MARDI

Date	Leçons et Devoirs à faire

MARDI

Date	Leçons et Devoirs à faire

MARDI

Date	Leçons et Devoirs à faire

MARDI

Date	Leçons et Devoirs à faire

MARDI

Date	Leçons et Devoirs à faire

MARDI

Date	Leçons et Devoirs à faire

MARDI

MERCREDI

MERCREDI

Date	Leçons et Devoirs à faire

MERCREDI

Date	Leçons et Devoirs à faire

MERCREDI

Date	Leçons et Devoirs à faire

MERCREDI

Date	Leçons et Devoirs à faire

MERCREDI

Date	Leçons et Devoirs à faire

MERCREDI

Date	Leçons et Devoirs à faire

MERCREDI

Date	Leçons et Devoirs à faire

MERCREDI

Date	Leçons et Devoirs à faire

MERCREDI

Date	Leçons et Devoirs à faire

MERCREDI

Date	Leçons et Devoirs à faire

MERCREDI

Date	Leçons et Devoirs à faire

Date	Leçons et Devoirs à faire

MERCREDI

JEUDI

Date	Leçons et Devoirs à faire

JEUDI

Date	Leçons et Devoirs à faire

JEUDI

Date	Leçons et Devoirs à faire

JEUDI

Date	Leçons et Devoirs à faire

JEUDI

Date	Leçons et Devoirs à faire

JEUDI

Date	Leçons et Devoirs à faire

JEUDI

Date	Leçons et Devoirs à faire

JEUDI

Date	Leçons et Devoirs à faire

JEUDI

Date	Leçons et Devoirs à faire

JEUDI

Date	Leçons et Devoirs à faire

JEUDI

Date	Leçons et Devoirs à faire

JEUDI

Date	Leçons et Devoirs à faire

JEUDI

VENDREDI

Date	Leçons et Devoirs à faire

VENDREDI

Date	Leçons et Devoirs à faire

VENDREDI

Date	Leçons et Devoirs à faire

VENDREDI

Date	Leçons et Devoirs à faire

VENDREDI

Date	Leçons et Devoirs à faire

VENDREDI

Date	Leçons et Devoirs à faire

VENDREDI

Date	Leçons et Devoirs à faire

VENDREDI

Date	Leçons et Devoirs à faire

VENDREDI

Date	Leçons et Devoirs à faire

VENDREDI

Date	Leçons et Devoirs à faire

VENDREDI

Date	Leçons et Devoirs à faire

VENDREDI

Date	Leçons et Devoirs à faire

VENDREDI

SAMEDI

Date	Leçons et Devoirs à faire

SAMEDI

Date	Leçons et Devoirs à faire

SAMEDI

Date	Leçons et Devoirs à faire

SAMEDI

Date	Leçons et Devoirs à faire

SAMEDI

Date	Leçons et Devoirs à faire

SAMEDI

Date	Leçons et Devoirs à faire

SAMEDI

Date	Leçons et Devoirs à faire

SAMEDI

Date	Leçons et Devoirs à faire

SAMEDI

Date	Leçons et Devoirs à faire

SAMEDI

Date	Leçons et Devoirs à faire

SAMEDI

Date	Leçons et Devoirs à faire

SAMEDI

DATES D'ANNIVERSAIRE

DATE	NOM	PRÉNOM

DATES D'ANNIVERSAIRE

DATE	NOM	PRÉNOM

PENSE BÊTE

....

....

....

....

....

....

....

....

....

....

....

....

....

....

....

....

....

....

....

....

PENSE BÊTE

....
....
....
....
....

....
....
....
....
....

....
....
....
....
....

....
....
....
....
....

PENSE BÊTE

....
....
....
....
....

....
....
....
....
....

....
....
....
....
....

....
....
....
....
....

PENSE BÊTE

....
....
....
....
....

....
....
....
....
....

....
....
....
....
....

....
....
....
....
....

ANNONCES IMPORTANTES

....
....
....
....
....

....
....
....
....
....

....
....
....
....
....

....
....
....
....
....

ANNONCES IMPORTANTES

....
....
....
....
....

....
....
....
....
....

....
....
....
....
....

....
....
....
....
....

ANNONCES IMPORTANTES

....
....
....
....
....

....
....
....
....
....

....
....
....
....
....

....
....
....
....
....

ANNONCES IMPORTANTES

TABLES D'ADDITION

+1	+2	+3	+4	+5
1 + 0 = 1	2 + 0 = 2	3 + 0 = 3	4 + 0 = 4	5 + 0 = 5
1 + 1 = 2	2 + 1 = 3	3 + 1 = 4	4 + 1 = 5	5 + 1 = 6
1 + 2 = 3	2 + 2 = 4	3 + 2 = 5	4 + 2 = 6	5 + 2 = 7
1 + 3 = 4	2 + 3 = 5	3 + 3 = 6	4 + 3 = 7	5 + 3 = 8
1 + 4 = 5	2 + 4 = 6	3 + 4 = 7	4 + 4 = 8	5 + 4 = 9
1 + 5 = 6	2 + 5 = 7	3 + 5 = 8	4 + 5 = 9	5 + 5 = 10
1 + 6 = 7	2 + 6 = 8	3 + 6 = 9	4 + 6 = 10	5 + 6 = 11
1 + 7 = 8	2 + 7 = 9	3 + 7 = 10	4 + 7 = 11	5 + 7 = 12
1 + 8 = 9	2 + 8 = 10	3 + 8 = 11	4 + 8 = 12	5 + 8 = 13
1 + 9 = 10	2 + 9 = 11	3 + 9 = 12	4 + 9 = 13	5 + 9 = 14
1 + 10 = 11	2 + 10 = 12	3 + 10 = 13	4 + 10 = 14	5 + 10 = 15

+6	+7	+8	+9	+10
6 + 0 = 6	7 + 0 = 7	8 + 0 = 8	9 + 0 = 9	10 + 0 = 10
6 + 1 = 7	7 + 1 = 8	8 + 1 = 9	9 + 1 = 10	10 + 1 = 11
6 + 2 = 8	7 + 2 = 9	8 + 2 = 10	9 + 2 = 11	10 + 2 = 12
6 + 3 = 9	7 + 3 = 10	8 + 3 = 11	9 + 3 = 12	10 + 3 = 13
6 + 4 = 10	7 + 4 = 11	8 + 4 = 12	9 + 4 = 13	10 + 4 = 14
6 + 5 = 11	7 + 5 = 12	8 + 5 = 13	9 + 5 = 14	10 + 5 = 15
6 + 6 = 12	7 + 6 = 13	8 + 6 = 14	9 + 6 = 15	10 + 6 = 16
6 + 7 = 13	7 + 7 = 14	8 + 7 = 15	9 + 7 = 16	10 + 7 = 17
6 + 8 = 14	7 + 8 = 15	8 + 8 = 16	9 + 8 = 17	10 + 8 = 18
6 + 9 = 15	7 + 9 = 16	8 + 9 = 17	9 + 9 = 18	10 + 9 = 19
6 + 10 = 16	7 + 10 = 17	8 + 10 = 18	9 + 10 = 19	10 + 10 = 20

NOTES

....

....

....

TABLES DE SOUSTRACTION

-1

1 - 1 = 0
2 - 1 = 1
3 - 1 = 2
4 - 1 = 3
5 - 1 = 4
6 - 1 = 5
7 - 1 = 6
8 - 1 = 7
9 - 1 = 8
10 - 1 = 9
11 - 1 = 10

-2

2 - 2 = 0
3 - 2 = 1
4 - 2 = 2
5 - 2 = 3
6 - 2 = 4
7 - 2 = 5
8 - 2 = 6
9 - 2 = 7
10 - 2 = 8
11 - 2 = 9
12 - 2 = 10

-3

3 - 3 = 0
4 - 3 = 1
5 - 3 = 2
6 - 3 = 3
7 - 3 = 4
8 - 3 = 5
9 - 3 = 6
10 - 3 = 7
11 - 3 = 8
12 - 3 = 9
13 - 3 = 10

-4

4 - 4 = 0
5 - 4 = 1
6 - 4 = 2
7 - 4 = 3
8 - 4 = 4
9 - 4 = 5
10 - 4 = 6
11 - 4 = 7
12 - 4 = 8
13 - 4 = 9
14 - 4 = 10

-5

5 - 5 = 0
6 - 5 = 1
7 - 5 = 2
8 - 5 = 3
9 - 5 = 4
10 - 5 = 5
11 - 5 = 6
12 - 5 = 7
13 - 5 = 8
14 - 5 = 9
15 - 5 = 10

-6

6 - 6 = 0
7 - 6 = 1
8 - 6 = 2
9 - 6 = 3
10 - 6 = 4
11 - 6 = 5
12 - 6 = 6
13 - 6 = 7
14 - 6 = 8
15 - 6 = 9
16 - 6 = 10

-7

7 - 7 = 0
8 - 7 = 1
9 - 7 = 2
10 - 7 = 3
11 - 7 = 4
12 - 7 = 5
13 - 7 = 6
14 - 7 = 7
15 - 7 = 8
16 - 7 = 9
17 - 7 = 10

-8

8 - 8 = 0
9 - 8 = 1
10 - 8 = 2
11 - 8 = 3
12 - 8 = 4
13 - 8 = 5
14 - 8 = 6
15 - 8 = 7
16 - 8 = 8
17 - 8 = 9
18 - 8 = 10

-9

9 - 9 = 0
10 - 9 = 1
11 - 9 = 2
12 - 9 = 3
13 - 9 = 4
14 - 9 = 5
15 - 9 = 6
16 - 9 = 7
17 - 9 = 8
18 - 9 = 9
19 - 9 = 10

-10

10 - 10 = 0
11 - 10 = 1
12 - 10 = 2
13 - 10 = 3
14 - 10 = 4
15 - 10 = 5
16 - 10 = 6
17 - 10 = 7
18 - 10 = 8
19 - 10 = 9
20 - 10 = 10

NOTES

....

....

....

TABLES MULTIPLICATION

x 1

1 × 0	=	0
1 × 1	=	1
1 × 2	=	2
1 × 3	=	3
1 × 4	=	4
1 × 5	=	5
1 × 6	=	6
1 × 7	=	7
1 × 8	=	8
1 × 9	=	9
1 × 10	=	10

x 2

2 × 0	=	0
2 × 1	=	2
2 × 2	=	4
2 × 3	=	6
2 × 4	=	8
2 × 5	=	10
2 × 6	=	12
2 × 7	=	14
2 × 8	=	16
2 × 9	=	18
2 × 10	=	20

x 3

3 × 0	=	0
3 × 1	=	3
3 × 2	=	6
3 × 3	=	9
3 × 4	=	12
3 × 5	=	15
3 × 6	=	18
3 × 7	=	21
3 × 8	=	24
3 × 9	=	27
3 × 10	=	30

x 4

4 × 0	=	0
4 × 1	=	4
4 × 2	=	8
4 × 3	=	12
4 × 4	=	16
4 × 5	=	20
4 × 6	=	24
4 × 7	=	28
4 × 8	=	32
4 × 9	=	36
4 × 10	=	40

x 5

5 × 0	=	0
5 × 1	=	5
5 × 2	=	10
5 × 3	=	15
5 × 4	=	20
5 × 5	=	25
5 × 6	=	30
5 × 7	=	35
5 × 8	=	40
5 × 9	=	45
5 × 10	=	50

x 6

6 × 0	=	0
6 × 1	=	6
6 × 2	=	12
6 × 3	=	18
6 × 4	=	24
6 × 5	=	30
6 × 6	=	36
6 × 7	=	42
6 × 8	=	48
6 × 9	=	54
6 × 10	=	60

x 7

7 × 0	=	0
7 × 1	=	7
7 × 2	=	14
7 × 3	=	21
7 × 4	=	28
7 × 5	=	35
7 × 6	=	42
7 × 7	=	49
7 × 8	=	56
7 × 9	=	63
7 × 10	=	70

x 8

8 × 0	=	0
8 × 1	=	8
8 × 2	=	16
8 × 3	=	24
8 × 4	=	32
8 × 5	=	40
8 × 6	=	48
8 × 7	=	56
8 × 8	=	64
8 × 9	=	72
8 × 10	=	80

x 9

9 × 0	=	0
9 × 1	=	9
9 × 2	=	18
9 × 3	=	27
9 × 4	=	36
9 × 5	=	45
9 × 6	=	54
9 × 7	=	63
9 × 8	=	72
9 × 9	=	81
9 × 10	=	90

x 10

10 × 0	=	0
10 × 1	=	10
10 × 2	=	20
10 × 3	=	30
10 × 4	=	40
10 × 5	=	50
10 × 6	=	60
10 × 7	=	70
10 × 8	=	80
10 × 9	=	90
10 × 10	=	100

NOTES

....

....

....

TABLES DE DIVISION

÷1

0	÷ 1	=	0
1	÷ 1	=	1
2	÷ 1	=	2
3	÷ 1	=	3
4	÷ 1	=	4
5	÷ 1	=	5
6	÷ 1	=	6
7	÷ 1	=	7
8	÷ 1	=	8
9	÷ 1	=	9
10	÷ 1	=	10

÷2

0	÷ 2	=	0
2	÷ 2	=	1
4	÷ 2	=	2
6	÷ 2	=	3
8	÷ 2	=	4
10	÷ 2	=	5
12	÷ 2	=	6
14	÷ 2	=	7
16	÷ 2	=	8
18	÷ 2	=	9
20	÷ 2	=	10

÷3

0	÷ 3	=	0
3	÷ 3	=	1
6	÷ 3	=	2
9	÷ 3	=	3
12	÷ 3	=	4
15	÷ 3	=	5
18	÷ 3	=	6
21	÷ 3	=	7
24	÷ 3	=	8
27	÷ 3	=	9
30	÷ 3	=	10

÷4

0	÷ 4	=	0
4	÷ 4	=	1
8	÷ 4	=	2
12	÷ 4	=	3
16	÷ 4	=	4
20	÷ 4	=	5
24	÷ 4	=	6
28	÷ 4	=	7
32	÷ 4	=	8
36	÷ 4	=	9
40	÷ 4	=	10

÷5

0	÷ 5	=	0
5	÷ 5	=	1
10	÷ 5	=	2
15	÷ 5	=	3
20	÷ 5	=	4
25	÷ 5	=	5
30	÷ 5	=	6
35	÷ 5	=	7
40	÷ 5	=	8
45	÷ 5	=	9
50	÷ 5	=	10

÷6

0	÷ 6	=	0
6	÷ 6	=	1
12	÷ 6	=	2
18	÷ 6	=	3
24	÷ 6	=	4
30	÷ 6	=	5
36	÷ 6	=	6
42	÷ 6	=	7
48	÷ 6	=	8
54	÷ 6	=	9
60	÷ 6	=	10

÷7

0	÷ 7	=	0
7	÷ 7	=	1
14	÷ 7	=	2
21	÷ 7	=	3
28	÷ 7	=	4
35	÷ 7	=	5
42	÷ 7	=	6
49	÷ 7	=	7
56	÷ 7	=	8
63	÷ 7	=	9
70	÷ 7	=	10

÷8

0	÷ 8	=	0
8	÷ 8	=	1
16	÷ 8	=	2
24	÷ 8	=	3
32	÷ 8	=	4
40	÷ 8	=	5
48	÷ 8	=	6
56	÷ 8	=	7
64	÷ 8	=	8
72	÷ 8	=	9
80	÷ 8	=	10

÷9

0	÷ 9	=	0
9	÷ 9	=	1
18	÷ 9	=	2
27	÷ 9	=	3
36	÷ 9	=	4
45	÷ 9	=	5
54	÷ 9	=	6
63	÷ 9	=	7
72	÷ 9	=	8
81	÷ 9	=	9
90	÷ 9	=	10

÷10

0	÷ 10	=	0
10	÷ 10	=	1
20	÷ 10	=	2
30	÷ 10	=	3
40	÷ 10	=	4
50	÷ 10	=	5
60	÷ 10	=	6
70	÷ 10	=	7
80	÷ 10	=	8
90	÷ 10	=	9
100	÷ 10	=	10

NOTES

....

....

....

Printed in France by Amazon
Brétigny-sur-Orge, FR